Uma casa para todos

FTD

Copyright © Fernando Carraro, 2023
Reprodução proibida: Art. 184 do Código Penal e Lei 9.610 de 19 de fevereiro de 1998.
Todos os direitos reservados à
EDITORA FTD
Rua Rui Barbosa, 156 – Bela Vista – São Paulo – SP
CEP 01326-010 – Tel. 0800 772 2300
www.ftd.com.br | central.relacionamento@ftd.com.br

DIRETOR-GERAL
Ricardo Tavares de Oliveira

DIRETOR DE CONTEÚDO E NEGÓCIOS
Cayube Galas

GERENTE EDITORIAL
Isabel Lopes Coelho

EDITOR
Estevão Azevedo

EDITOR-ASSISTENTE
Daniel de Febba Santos

ANALISTA DE RELAÇÕES INTERNACIONAIS
Tassia R. S. de Oliveira

COORDENADOR DE PRODUÇÃO EDITORIAL
Leandro Hiroshi Kanno

PREPARADORA
Marina Nogueira

REVISORAS
Lívia Perran e Elisa Martins

EDITORES DE ARTE
Daniel Justi e Camila Catto

PROJETO GRÁFICO E DIAGRAMAÇÃO
Estúdio Rebimboca

DIRETOR DE OPERAÇÕES E PRODUÇÃO GRÁFICA
Reginaldo Soares Damasceno

Dados Internacionais de Catalogação na Publicação (CIP)
(Câmara Brasileira do Livro, SP, Brasil)

Carraro, Fernando
  Uma casa para todos / Fernando Carraro;
ilustrações Amma. — 1. ed. — São Paulo: FTD, 2023.

  ISBN 978-85-96-04102-7

  1. Literatura infantojuvenil I. Amma. II. Título.

23-158079   CDD-028.5

  Índices para catálogo sistemático:

  1. Literatura infantil 028.5
  2. Literatura infantojuvenil 028.5

  Cibele Maria Dias – Bibliotecária – CRB-8/9427

A - 858.513/24

Fernando Carraro

Uma casa para todos

Ilustrações Amma

1ª edição
FTD
São Paulo – 2023

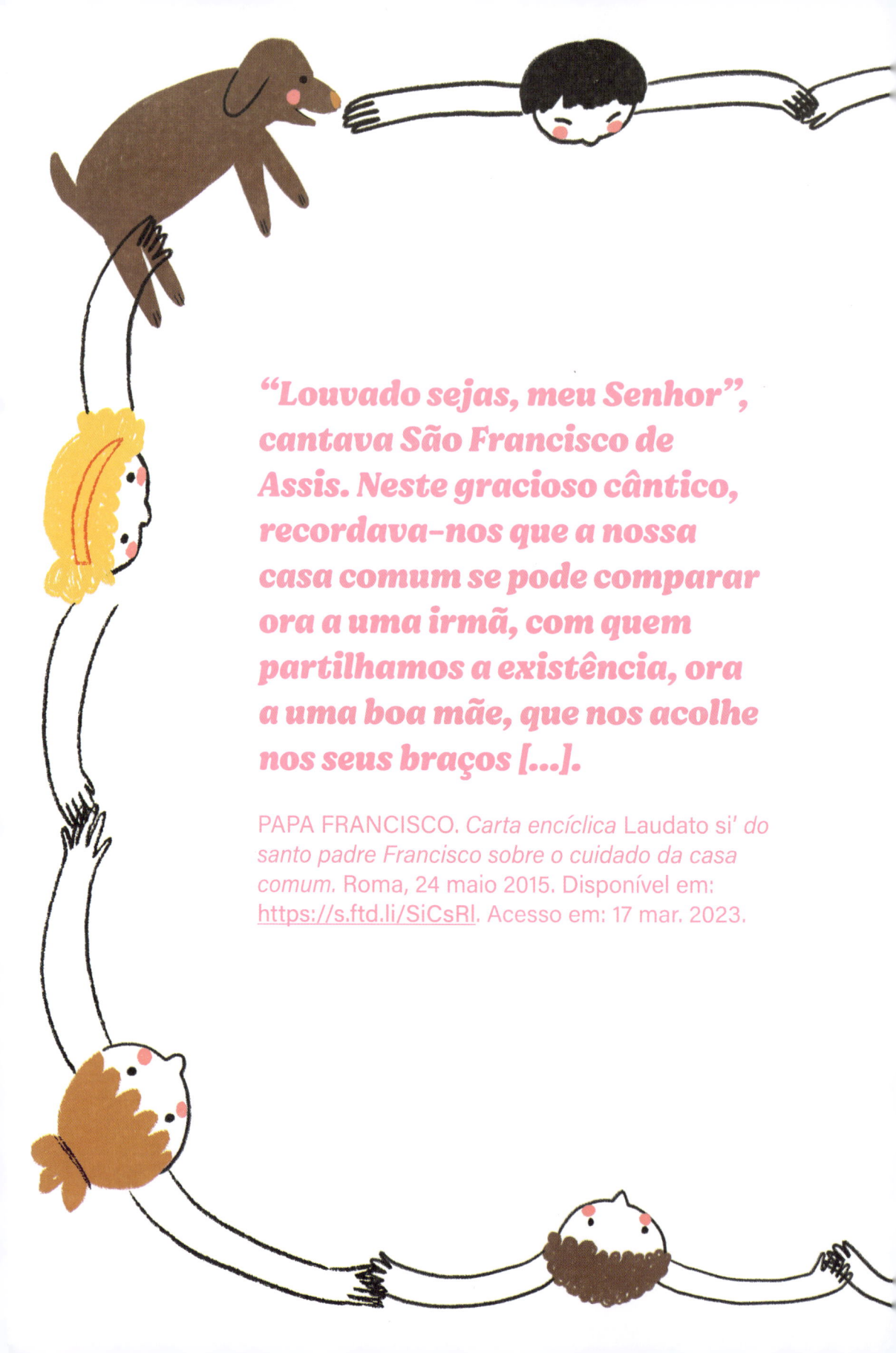

"Louvado sejas, meu Senhor", cantava São Francisco de Assis. Neste gracioso cântico, recordava-nos que a nossa casa comum se pode comparar ora a uma irmã, com quem partilhamos a existência, ora a uma boa mãe, que nos acolhe nos seus braços [...].

PAPA FRANCISCO. *Carta encíclica* Laudato si' *do santo padre Francisco sobre o cuidado da casa comum*. Roma, 24 maio 2015. Disponível em: https://s.ftd.li/SiCsRl. Acesso em: 17 mar. 2023.

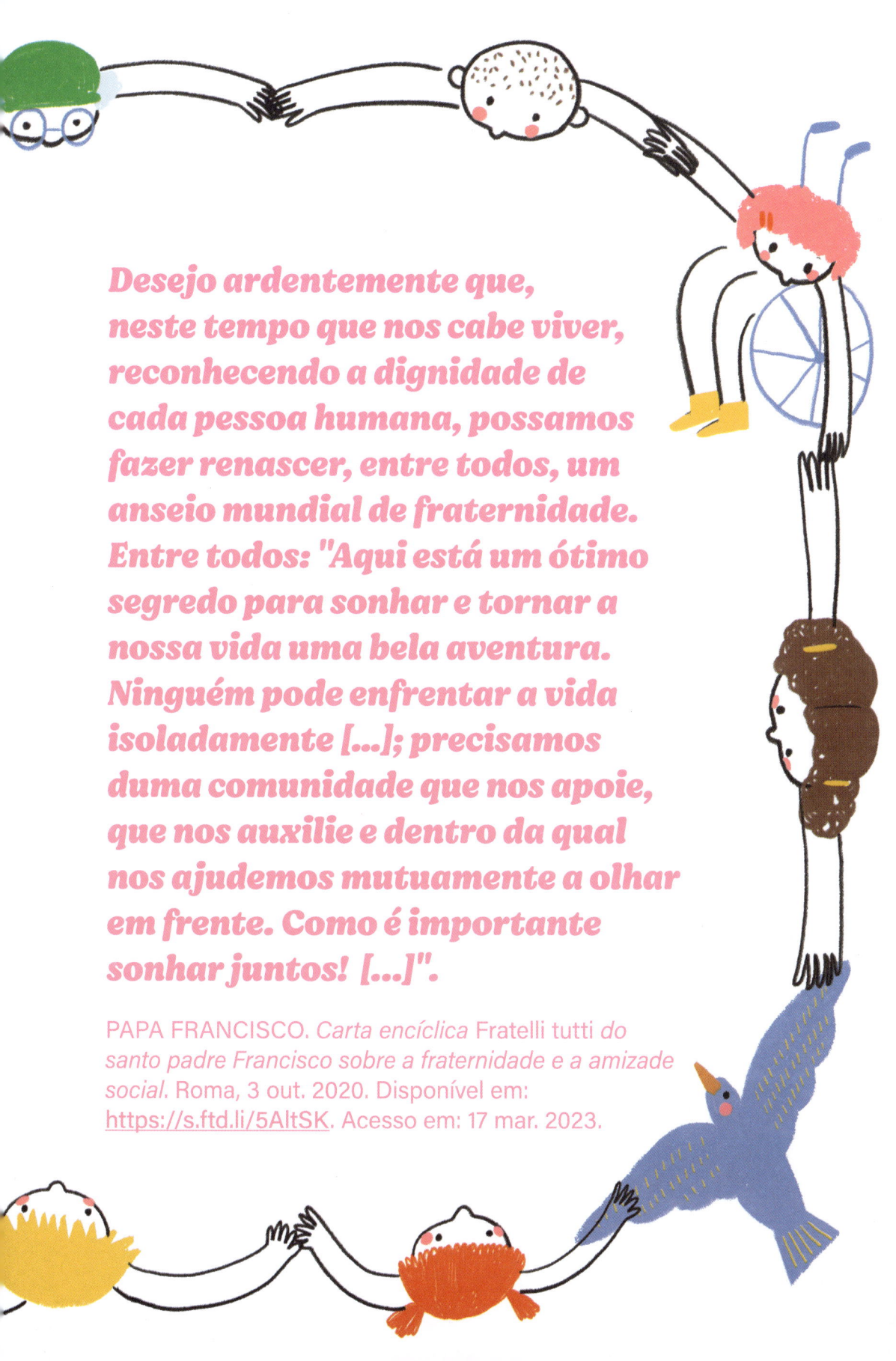

Desejo ardentemente que, neste tempo que nos cabe viver, reconhecendo a dignidade de cada pessoa humana, possamos fazer renascer, entre todos, um anseio mundial de fraternidade. Entre todos: "Aqui está um ótimo segredo para sonhar e tornar a nossa vida uma bela aventura. Ninguém pode enfrentar a vida isoladamente [...]; precisamos duma comunidade que nos apoie, que nos auxilie e dentro da qual nos ajudemos mutuamente a olhar em frente. Como é importante sonhar juntos! [...]".

PAPA FRANCISCO. *Carta encíclica* Fratelli tutti *do santo padre Francisco sobre a fraternidade e a amizade social*. Roma, 3 out. 2020. Disponível em: https://s.ftd.li/5AltSK. Acesso em: 17 mar. 2023.

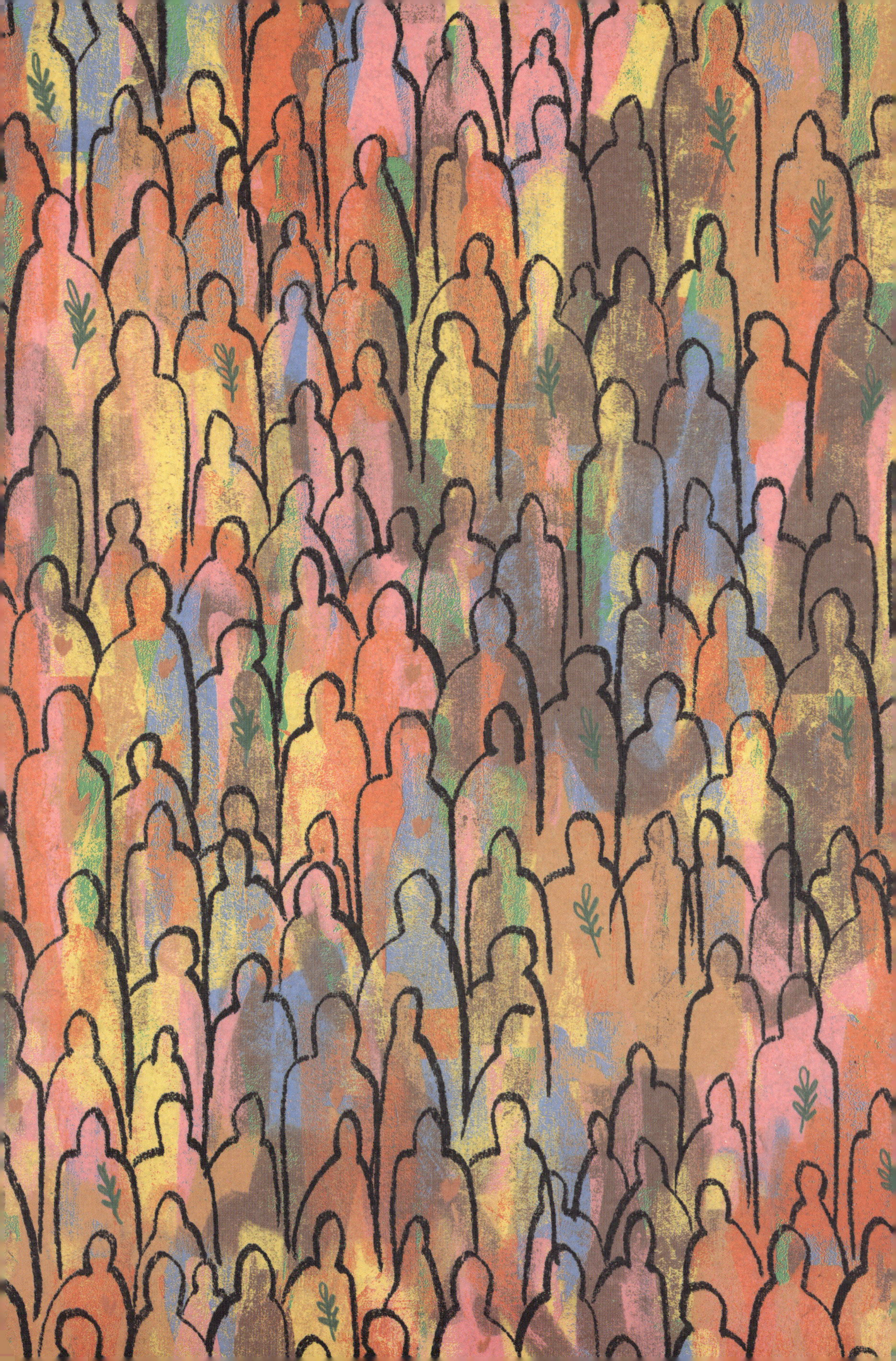

Sumário

9	Prólogo
10	Elisa
12	Desavenças entre irmãos
14	Amizade social
16	Encíclicas papais
18	Somos uma família
20	Sugestões de atividades
27	Grupo dos seis
32	Os frutos aparecem
33	Promessa é promessa!
35	Hora de agir
38	Vamos festejar
44	Segunda-feira
46	Epílogo

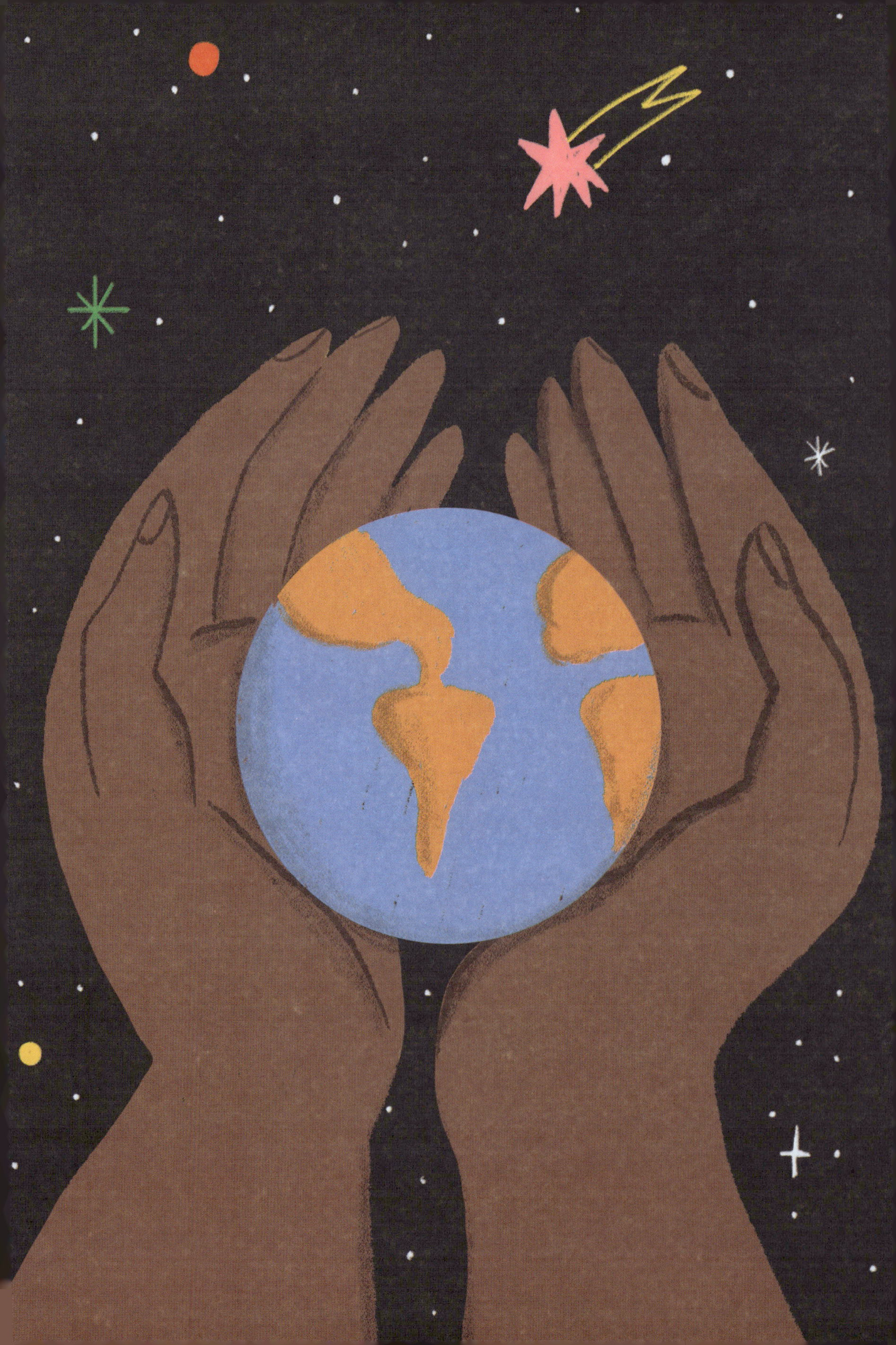

Prólogo

Tudo o que existe teve um começo, inclusive a Terra.

O famoso *Big Bang*, teoria que explica a origem do Universo, teria acontecido há cerca de 13,8 bilhões de anos. Depois, em uma nebulosa de gás e de poeira em rotação, teria ocorrido o processo de formação do Sol. E dessa mesma nuvem gasosa formaram-se os planetas, entre eles a Terra, nossa casa!

Ao longo de muito tempo, a Terra foi se resfriando, e certas mudanças aconteceram. Destas, o acontecimento mais significativo de todos os tempos foi o surgimento da vida! Assim, aos poucos, vidas exuberantes foram brotando por todos os cantos; vidas das mais variadas espécies, entre elas os seres humanos, com a nobre missão de cuidar da Terra e de tudo o que ela oferece para o bem de todos!

A humanidade foi se multiplicando. A população da Terra, aumentando até ultrapassar, em 2022, a marca de oito bilhões de habitantes!

Certa vez, o ativista indiano Mahatma Gandhi disse que "a Terra fornece o suficiente para satisfazer as necessidades de cada homem, mas não a ganância de cada um eles". Gandhi disse isso porque o crescimento populacional demanda maior consumo de recursos naturais e, como todos sabem, eles são finitos, ou seja, um dia podem acabar. Além do mais, por causa da ganância humana, uma minoria foi se apoderando do bem comum que era de todos, o que fez acelerar a finitude desses recursos.

Porém, chegou a hora de repensar que tipo de sociedade temos nos tornado e que tipo de sociedade queremos ser daqui para a frente: menos individualista, gananciosa, egoísta, consumista, preconceituosa, excludente; mais amorosa, acolhedora, solidária e altruísta.

Elisa

Elisa tem treze anos e está no 8º ano do Ensino Fundamental. Ela é ruiva, cheia de sardinhas no rosto, principalmente na região do nariz, e, apesar de pequena comparada às outras garotas de sua turma, guarda uma grandeza enorme dentro de si: vê o mundo de maneira surpreendentemente bela. Também é uma garota falante e extrovertida, considerada por muitos uma líder nata!

Seu pai, Antônio, é advogado da vara da família e trabalha em um importante escritório da cidade. Sempre que pode, presta serviço voluntário para uma associação de proteção a mulheres vítimas de violência doméstica. Já a mãe, Iracy, é veterinária e tem sua própria clínica. Por causa da profissão da mãe, Elisa ama incondicionalmente todos os animais. Em casa, a família tem três cachorros, Mona, Boney e Estopinha, além de uma gata, a Mimi, todos adotados.

Uma das coisas que deixam Elisa extremamente chateada é ver um animal abandonado na rua. Quando se depara com um animal cativo, como um passarinho preso na gaiola, por exemplo, procura conversar com o dono e argumentar que a ave gosta de viver solta. Em algumas ocasiões, ela até consegue convencer a pessoa a libertar o bichinho!

O mesmo carinho que Elisa dedica aos animais ela estende às pessoas. Sempre que pode, acompanha a mãe no voluntariado no serviço de acolhimento institucional da cidade onde moram. Ela sempre questiona por que aquelas pessoas estão sozinhas, e não com as próprias famílias, mas nem sempre recebe uma resposta satisfatória.

Nos momentos em que Elisa não está na escola nem cuidando dos animais ou das pessoas, ela adora visitar a biblioteca pública da cidade. Ali, entretida no mundo da leitura, se esquece de tudo. Aos fins de semana, tem o hábito de ir ao clube com os pais: gosta de nadar e de jogar vôlei na quadra de areia. Toda quarta-feira, à tardinha, costuma sair com as amigas para tomar sorvete ou comer um lanche. De vez em quando, elas também aproveitam o passeio para pegar um cineminha.

Para além da vida pacata de estudante, Elisa tem aspirações grandiosas: sonha em ser ativista ambiental. Na opinião dela, todos os jovens deveriam se engajar em alguma causa.

Desavenças entre irmãos

Nas férias, Elisa costuma visitar os tios, Anselmo e Sônia, e os primos, Roberto e Inês, no sítio onde moram. O sítio tem até nome: Recanto Meu. A propriedade fica em outro município, a duas horas da casa de Elisa. Além dos tios e dos primos, os avós paternos dela, Ema e Giuseppe, também moram lá.

No sítio, Elisa se diverte andando a cavalo, tomando banho de cachoeira, pescando no rio, comendo coisas gostosas que só existem na roça ou que só a avó sabe fazer. De noite, as histórias contadas por vó Ema tomam conta do imaginário da menina, fazendo-a viajar sem sair do lugar, assim como acontece quando ela está lendo na biblioteca.

Nos momentos em que está no sítio, Elisa se esquece da vida na cidade. Ela nem se importa de dormir no colchão de palha e aconchegar a cabeça no travesseiro de paina. Como o dia na roça termina assim que o Sol se põe, todos deitam cedo para acordar com o canto do galo.

Há três anos, numa das visitas da família de Elisa ao sítio, o pai e o tio dela tiveram um desentendimento. Antônio queria o apoio do irmão, Anselmo, para convencer os pais, Ema e Giuseppe, a vender o sítio e se mudar para mais perto da cidade. Porém, Anselmo era totalmente contra e dizia que isso jamais iria acontecer. Por conta desse episódio, a família de Elisa está desde então sem voltar ao sítio, e o relacionamento entre os irmãos, que já não era dos melhores, ficou ainda mais estremecido. Além da questão da venda do imóvel, Antônio e Anselmo também discordavam em outras coisas, como religião e política.

Aquela situação mal resolvida entre os irmãos não agradava a ninguém e deixava todos muito chateados, principalmente os avós de Elisa. A garota achava que precisava agir, mas saber o que fazer ainda era um grande dilema para ela.

Certa manhã, enquanto aguardava o início das aulas no pátio da escola, Elisa olhava no celular as fotos que havia tirado na última vez em que esteve no sítio Recanto Meu. Quando Ana se aproximou, Elisa mostrou à melhor amiga as imagens de uma belíssima cachoeira e contou sobre a briga entre o pai e o tio. Ela ainda revelou que estava bolando um plano para resolver aquela situação, mas que, até o momento, tudo parecia em vão. Percebendo a aflição da amiga, Ana disse que a ajudaria a pensar em uma solução.

Amizade social

Elisa e Ana aguardavam o início da aula de Geografia quando o professor Rogério lembrou à turma a proximidade da Semana Santa. Antes de retomar o conteúdo didático do dia anterior, o docente avisou que, após o intervalo, todos os alunos dos anos finais do Ensino Fundamental deveriam permanecer no pátio até a chegada da diretora. De lá, seriam conduzidos ao auditório.

As amigas estavam curiosas com o motivo do encontro, e a manhã custou a passar. Quando finalmente chegaram ao local indicado, irmã Rita, diretora do colégio, informou que a escola estava começando a desenvolver o projeto anual da Campanha da Fraternidade e gostaria de transmitir algumas informações sobre o tema.

A professora Isabel, coordenadora da Pastoral, usou o projetor para apresentar aos alunos o tema e o lema da Campanha da Fraternidade daquele ano:

TEMA:
FRATERNIDADE E AMIZADE SOCIAL

LEMA:
"VÓS SOIS TODOS IRMÃOS E IRMÃS" (MT 23,8)

— Alguém arrisca um palpite sobre o significado de amizade social? — Isabel perguntou.

— Respeito? — sugeriu Elisa.

— O que mais, turma? — a professora quis saber.

— Cuidado? — disse Rodrigo, aluno do 9º ano.

— As duas respostas estão corretas. Amizade social é isso e um pouco mais — comentou Isabel. — É a aspiração por um mundo que vai além de um relacionamento restrito à família ou a uma comunidade. É querer o melhor para todos, é também olhar individualmente para cada um em determinada situação. Tudo isso serve para as pessoas pensarem além, isto é, para que não fiquem apenas na realização de ações benéficas pontuais, como uma campanha de doação de roupas no inverno, por exemplo.

O que Isabel havia explicado, portanto, era a importância de uma mudança de comportamento ao olhar para o outro. A amizade social tratava-se de uma verdadeira acolhida, de buscar o perdão, de compartilhar e de transformar, afinal, todos eram irmãos.

Para facilitar a compreensão dos alunos, a professora também mostrou uma série de imagens de pessoas que se destacaram na acolhida dos mais vulneráveis e na luta pela paz mundial, na esperança de conseguirem um mundo melhor para todos. Entre elas: Vicente de Paulo, Francisco de Assis, Mahatma Gandhi, Eleanor Roosevelt, Martin Luther King Jr., Papa Francisco, Madre Teresa de Calcutá, Irmã Dulce, Betinho e, ainda, alguns ganhadores do Nobel da Paz.

Encíclicas papais

Antes de finalizar aquela parte da apresentação, a professora explicou que a amizade social também era um tema recorrente em algumas encíclicas papais:

— Esses documentos oficiais, escritos pelos papas da Igreja Católica Romana, abordam questões de doutrina, moralidade e ensinamentos da Igreja. São considerados importantes na tradição católica e geralmente são dirigidos a bispos, clérigos e fiéis da Igreja em todo o mundo. As encíclicas papais abordam vários tópicos, incluindo a teologia, a moralidade, a política, a economia, a justiça social e a paz mundial, e são consideradas uma fonte importante de ensinamentos da Igreja, além de influenciar a teologia e a prática católicas em todo o mundo — explicou Isabel. — Agora vou apresentar a vocês alguns exemplos de encíclicas papais famosas.

RERUM NOVARUM (DAS COISAS NOVAS)

Escrita pelo Papa Leão XIII e publicada em 1891, quando o mundo vivia a Segunda Revolução Industrial, entre o fim do século XIX e o início do XX. A encíclica traz luz sobre uma questão crucial da época: o relacionamento entre o empregado e o patrão, destacando temas como salários mais justos, jornadas de trabalho adequadas, condições humanas básicas nos locais de trabalho e condenação dos trabalhos escravo e infantil.

LAUDATO SI' (LOUVADO SEJAS)

Escrita pelo Papa Francisco e publicada em 2015. Trata-se de um apelo para que todos cuidem da casa comum, a Terra, com ênfase nas questões ambientais. Nesta encíclica, o papa lança um urgente desafio: proteger o meio ambiente e unir toda a família humana na busca de um desenvolvimento sustentável e integral. Ele acredita que a humanidade é capaz de colaborar na construção dessa casa comum e agradece a todos que trabalham para garantir a proteção desse lar compartilhado. Não é possível construir um futuro melhor sem pensar na crise do meio ambiente e nos sofrimentos dos excluídos.

FRATELLI TUTTI (TODOS OS IRMÃOS)

Também escrita pelo Papa Francisco e publicada em 2020. Nela, o pontífice mostra que a amizade social é um desejo de acolhimento e união pacífica e fraterna de todos os povos a partir da experimentação de um amor que ultrapassa as barreiras geográficas. "Feliz quem ama o outro", "o seu irmão, tanto quando está longe como quando está junto de si". *Fratelli tutti* é um apelo a uma "fraternidade aberta, que permite reconhecer, valorizar e amar todas as pessoas independentemente da proximidade física".

Para concluir sua apresentação, a professora comentou:

— Ao trazer a amizade social de volta ao tema da Campanha da Fraternidade, o Papa Francisco nos convida a olhar para além dos que amamos. Ele nos oferece uma chance de dar acolhimento aos mais necessitados.

Somos uma família

Ao término da apresentação, a diretora informou aos alunos que eles deveriam, a partir daquelas informações, desenvolver um projeto solidário.

— Primeiramente, vamos pensar em um nome para o projeto. Depois, nas atividades que queremos desenvolver — disse irmã Rita. — Todos podem dar sugestões de nomes; o mais votado será o escolhido.

Os alunos movimentaram as cadeiras do auditório para formar pequenos grupos e começaram a conversar. A diretora e a professora Isabel ficaram circulando entre os grupos para auxiliá-los quando necessário. Depois de um tempo, Isabel questionou:

— Quem quer ser o primeiro grupo a compartilhar sua sugestão?

— "Um por todos e todos por um"! — falou Letícia, do 7º ano, em nome do grupo.

Antes que Isabel acolhesse a próxima sugestão, os estudantes começaram a falar todos ao mesmo tempo; alguns concordando com o nome, outros discordando totalmente.

— Pessoal, todos os grupos vão poder compartilhar sua sugestão. Peço só um pouco de calma e atenção à fala do colega — Isabel alertou.

Na sequência, foi a vez de mais um grupo falar.

— Nós pensamos em "A vida é melhor com os amigos" — disse Juliana, aluna do 9º ano.

Desta vez, os alunos reagiram menos e aguardaram as instruções da professora. Quando Isabel finalmente apontou para o próximo grupo, Luís Guilherme, do 6º ano, disparou:

— A gente escolheu "Por que só agora?".

— Você pode explicar pra gente, Luís Guilherme, o motivo de terem escolhido esse nome? — pediu Isabel.

— Claro! É que, às vezes, quando a gente fica muito tempo sem se lembrar de uma pessoa, ou mesmo sem conversar com ela, e finalmente fazemos isso, a pessoa fica tão feliz e emocionada, que diz exatamente assim: "Por que só agora?". Daí, isso me fez pensar que existem pessoas que esperam muito tempo por um simples "Oi, tudo bem?". Vi isso num filme e gostei, então sugeri pro meu grupo — explicou o garoto.

— Entendi. Bem legal! — Isabel demonstrou ter gostado da proposta.

"Quem ama acolhe" foi a sugestão dada por Rodrigo, do penúltimo grupo, e "Somos uma família", o nome sugerido pelo último.

— Muito bem. Já temos ótimas sugestões. Agora vamos à votação? À medida que eu falar o nome, vocês levantam a mão — explicou Isabel. — Combinado?

E assim foi.

Elisa e Ana gostaram bastante de todos os nomes, mas preferiram o inventado pelo grupo delas, o segundo a falar. Porém, quando a votação encerrou, "Somos uma família" havia sido o mais votado.

Sugestões de atividades

— Agora que definimos o nome do projeto, vamos às sugestões das atividades que queremos desenvolver ao longo do ano — disse a professora Isabel.

Já mais à vontade, os alunos foram falando livremente, às vezes como depoimento, outras como sugestão.

— Eu respeito os mais velhos e sou sempre muito educada com todas as pessoas — disse Karina, do 7º ano.

— Sua conduta, Karina, está bem alinhada com o tema da Campanha da Fraternidade, que recomenda a valorização e a acolhida de todos — comentou Isabel. — Mas qual seria sua sugestão de atividade?

— Hum, ainda não sei... — respondeu Karina.

— Minha mãe diz que quando vê um morador de rua, ela oferece um trocado ou um lanche, mas tem muita dificuldade de ouvi-los — disse Caíque, do 6º ano, um pouco envergonhado.

— Caíque, existem várias maneiras de acolhermos pessoas em situação de rua. Pode ser fazendo parte de grupos de voluntariado ou ONGs, por exemplo. Esses grupos também trabalham em prol da criação e execução de políticas públicas. Quando virmos alguém nessa situação, podemos comunicar aos órgãos competentes, que prestarão a acolhida adequada — respondeu Isabel. — Vejam estas ONGs que separei pra vocês conhecerem:

Exército de Salvação (Brasil)

O Exército de Salvação luta há cem anos no Brasil contra a miséria e a degradação do ser humano, buscando sempre a solução relevante e eficiente, de forma a promover as áreas espiritual, emocional, social, psicológica e física dos indivíduos.

Disponível em: **exercitodesalvacao.org.br**. Acesso em: 1 jun. 2023.

SP Invisível (São Paulo – SP)

A SP Invisível é uma ONG que vem lutando, desde 2014, pela humanização dos olhares sobre as pessoas em situação de rua.

Disponível em: **spinvisivel.org**. Acesso em: 1 jun. 2023.

Projeto RUAS (Rio de Janeiro – RJ)

O Projeto RUAS (Ronda Urbana de Amigos Solidários) é uma organização social carioca, sem fins lucrativos, fundada em 2014, que tem como objetivo demolir barreiras e gerar oportunidades para a população em situação de rua.

Disponível em: **projetoruas.org.br**. Acesso em: 1 jun. 2023.

Associação Beneficente Amor e Ação (Salvador – BA)

A Associação Beneficente Amor e Ação (ABAA) é uma associação sem fins lucrativos cujo principal objetivo é promover atividades terapêuticas e educativas que proporcionam qualidade de vida e promoção do desenvolvimento de pessoas.

Disponível em: **amoreacao.com**. Acesso em: 1 jun. 2023.

A professora ainda explicou que o Brasil é um país com enormes contrastes sociais e que nem sempre o Estado consegue acolher e cuidar de todas as pessoas. Portanto, cada um precisa observar à sua volta e perceber como pode ajudar quem está passando por alguma necessidade.

Os alunos continuaram dando sugestões e fazendo comentários.

— Cumprimentar as pessoas, mesmo as desconhecidas, e de preferência com um sorriso — sugeriu Marcela, do 7º ano.

— Muito importante cumprimentar com um grande sorriso. Madre Teresa de Calcutá diz que o sorriso abre portas — reforçou Isabel.

— Visitar asilos e orfanatos com nossos pais ou professores — foi a sugestão de Jonathas, do 9º ano.

— Minha mãe faz isso sempre. E eu também! — disse Elisa. — As pessoas que moram lá ficam muito felizes. Além de fazer o bem para as outras pessoas, sentimos muita gratidão por tudo o que temos quando voltamos pra casa.

— Fazer doação de cestas básicas, roupas e brinquedos — emendou Adriana, irmã gêmea de Jonathas.

— Ampliar nosso círculo de amizades realizando campeonatos com outras escolas — foi a sugestão de Vítor, do 9º ano, artilheiro do time da escola.

— Aproveitar as datas comemorativas, como o Dia da Amizade e o Dia do Amigo, para restabelecer amizades esquecidas, criar novas e falar sobre a importância da amizade e do acolhimento — sugeriu Ana, melhor amiga de Elisa.

— Estou vendo que vocês se empolgaram bastante com as sugestões — revelou a professora. — Alguém mais quer falar?

— Eu quero, professora! — respondeu Letícia. — Podemos escrever cartas aos governantes de países que estão em guerra! Uma vez eu li que uma menina estadunidense fez isso. O nome dela era Samantha Smith. Isso foi em 1982, ela tinha onze anos e escreveu uma carta ao então secretário-geral do Partido Comunista da União Soviética, quando os Estados Unidos e a União Soviética estavam em plena Guerra Fria. Ela não só recebeu uma resposta pessoal do secretário como também um convite para visitar a União Soviética!

— Você acha que eles dariam atenção para uma carta ou mensagem nossa? — questionou Rodrigo.

— E por que não? — defendeu-se Letícia.

— Gente, não parece utópico demais um convite para amar todas as pessoas, sobretudo as mais pobres e esquecidas, e buscar a união de todos os povos? — questionou Felipe, do 6º ano, demonstrando certa dúvida.

— Só a utopia tem o poder de imaginar outro mundo, de dissipar o que está naturalizado e colocar outra coisa melhor no lugar — advertiu irmã Rita. — Além do mais, o papa nos diz: "É normal amar quem nos ama, mas agindo deste modo o Mestre nos provoca dizendo: Que fazeis de extraordinário?". E ainda: "Temendo não ser correspondido ou ficar desiludido, preferimos amar só quem nos ama, fazer o bem só a quem é bom conosco, ser generoso só com quem pode retribuir o favor. Mas o Senhor nos adverte que isso não é suficiente. Se permanecermos no ordinário, no equilíbrio entre dar e receber, as coisas não mudam..." — citou irmã Rita, que até aquele momento apenas observava o debate entre os alunos.

— "É este amor que lentamente transforma os conflitos, diminui as distâncias, supera as inimizades e cura as feridas do ódio" — completou a professora Isabel, reproduzindo as palavras do papa.

— Vejo que o tema da Campanha da Fraternidade animou o espírito de todos vocês — elogiou irmã Rita. — Teremos o ano inteiro, ou melhor, a vida inteira para seguir com essas propostas interessantes. Agora, precisamos sair da nossa zona de conforto e transformar as boas ideias em boas ações.

Elisa, que ouvia com bastante interesse o que cada colega dizia, pediu a palavra.

— Eu me dei conta do quanto somos privilegiados, porque estudamos em uma boa escola, fazemos parte de famílias caridosas e amorosas, e acredito que, assim como na minha casa, não deve faltar nada na de vocês também. Eu penso que é um dever nos engajarmos em atitudes que ajudem a melhorar o mundo, mas podemos começar ajudando quem está mais próximo da gente — sugeriu Elisa, lembrando-se do conflito entre o pai e o tio.

E continuou:

— Precisamos mesmo abraçar o mundo, mas acho que podemos começar fazendo nossa tarefa de abraçar aqueles que estão bem pertinho de nós.

Ao final da apresentação, Elisa percebeu que o tema da Campanha vinha em boa hora. Com fraternidade e amizade social, ela poderia enfrentar aquele problema familiar e, quem sabe, possibilitar reencontros no sítio Recanto Meu.

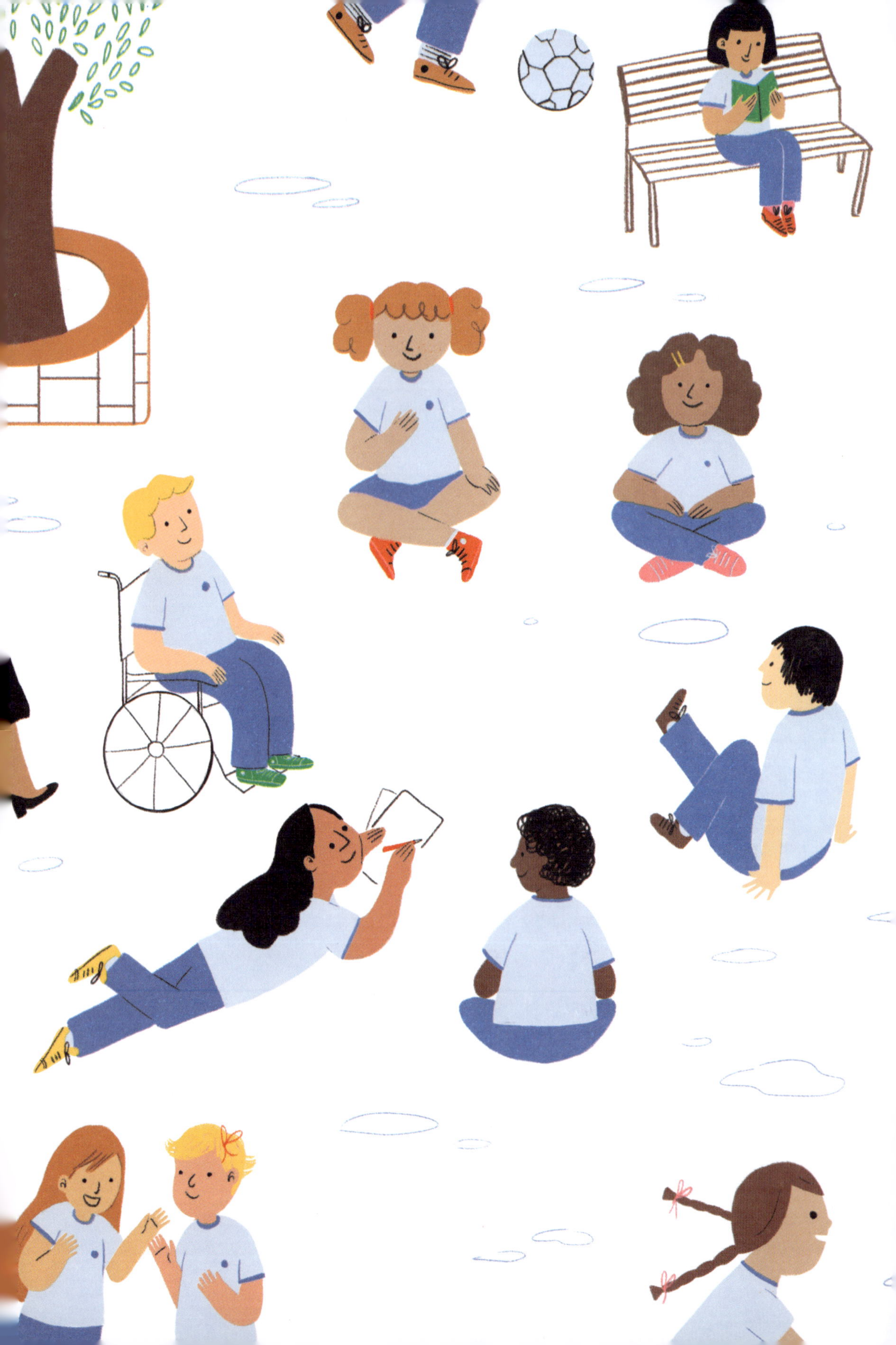

Grupo dos seis

No pátio, Elisa se reuniu com Ana e outros colegas para comentar o que tinham escutado no auditório. No fundo do coração, ela sabia que o tema da Campanha poderia ajudá-la com sua família; mas, para além disso, ele poderia ser uma excelente oportunidade de ela se engajar em uma causa e contribuir para o bem comum. Desse modo, Elisa, Ana, Júlia, Guilherme, Otávio e Bernardo combinaram de formar uma equipe com o objetivo de facilitar o diálogo entre os alunos e os professores.

— Que tal fazermos um pacto? — sugeriu Otávio todo animado.

— Boa! Nosso lema poderia ser a sugestão dada por um dos alunos lá no auditório: "Um por todos e todos por um!" — disse Guilherme igualmente interessado.

— Legal! É isso aí! Um por todos e todos por um! Toca aqui — falou Elisa, estendendo a mão. Feliz com a empolgação dos colegas, continuou: — Vamos imaginar que somos um instrumento musical com várias cordas. Para obter uma melodia bonita, é preciso que todas as cordas estejam afinadas. E para mantê-las em harmonia, o que importa é a intensidade do comprometimento com nosso objetivo, sem perder o foco: acolher e se solidarizar, fazer o bem sem olhar a quem!

— É isso aí! Mandou bem, Elisa! — exclamou Bernardo.

— Nas aulas de História, o professor Emílio sempre diz que devemos respeitar a opinião dos outros, mesmo quando não concordamos com ela. Isso me lembra que, infelizmente, quando o assunto é política, algumas pessoas acabam exagerando e desrespeitando as que pensam de maneira diferente — lembrou Otávio.

— O diálogo e o respeito são sempre os melhores caminhos para debater e refletir. Eu acho que, no nosso projeto, precisamos estar atentos a esses dois pontos — emendou Ana.

— A união do mundo é um desejo que sempre existiu — afirmou Bernardo. — Vocês lembram o que o professor Emílio contou sobre o imperador Kublai Khan, do antigo Império Mongol? Que ele era conhecido pela tolerância religiosa e desejava a união das civilizações?

— Caramba! Que memória, hein, Bernardo? — falou Júlia admirada.

— Posso falar uma coisa? — interveio Ana. — Todo mundo viu as notícias do terremoto que atingiu a Turquia e a Síria este ano, não viu? Essa tragédia levou a vida de mais de cinquenta mil pessoas! As comunidades internacionais se mobilizaram para socorrer as vítimas: socorristas de vários países, alguns até em disputa política, foram prestar assistência. Ver a união das pessoas em momentos de calamidade como esse traz muita esperança de dias melhores, não é mesmo? Mas, na minha opinião, isso deveria acontecer sempre, em qualquer circunstância.

E continuou:

— O que impede a amizade social de acontecer são as guerras, a intolerância política, religiosa e cultural, a falta de respeito e de diálogo, a discriminação, a xenofobia, a homofobia; enfim, a falta de conhecimento, de compreensão e de amor.

— Eu acho que muitos desses problemas que a Ana elencou deixariam de existir se todos fizessem como meu pai sempre me diz: "Faça aos outros apenas o que você gostaria que fizessem a você" — falou Júlia com categoria.

— Com certeza! — disse Elisa, aprovando o comentário da amiga.

— Preciso confessar algo a vocês. A Ana já sabe, inclusive. Na minha família, vivemos uma situação de conflito que envolve meu pai e meu tio. Tenho certeza de que a amizade social pode ajudar os dois a resolver esse impasse. Estou pensando que posso fazer o seguinte: encontrar uma solução para o meu problema familiar e focar no projeto da escola.

— Certo, mas no que você está pensando especificamente? — questionou Guilherme.

— Em algo ainda maior — respondeu Elisa.

— Uau! Ainda maior?! Tipo o quê? — indagou Ana, demonstrando grande curiosidade.

— Um dos objetivos do projeto sobre amizade social é acolher os mais pobres e esquecidos, não é? Então eu proponho que a gente faça um abaixo-assinado e o entregue à prefeitura, para que o município estude a implantação de um projeto social de construção e manutenção de lares para acolher e proteger as pessoas em situação de rua. Que seja uma comunidade com todo tipo de assistência, para que essas pessoas possam se cuidar e se desenvolver até serem reintegradas à sociedade — propôs Elisa.

— Mas já não existem locais assim, que atendem pessoas nessa situação? — questionou Guilherme.

— Sim, mas eles são provisórios e, na maioria das vezes, improvisados. Pensei em algo mais duradouro e completo, que ofereça de fato uma oportunidade de melhoria de vida para essas pessoas — respondeu Elisa.

— Seria uma iniciativa pública apenas? — perguntou Ana. — A ideia é bem bacana, mas acho difícil de ser colocada em prática.

— Não precisa ser apenas uma iniciativa pública. Podemos começar com os órgãos públicos, mas todas as pessoas, até mesmo as empresas, podem colaborar — explicou Elisa.

— Eu topo! Quanto maior o desafio, maior a recompensa — disse Bernardo.

— Eu também! — emendaram Guilherme, Júlia e Otávio.

— Se conseguirmos isso, teremos muito o que comemorar — disse Ana.

— Eu tenho uma sugestão para o nome desse local: Centro de Acolhida Bom Samaritano — disse Júlia com ar de felicidade.

— Mandou bem, Júlia! — elogiou Elisa. — Esse nome tem relação com a parábola do bom samaritano e com a amizade social.

— Amanhã cedo podemos conversar com os outros alunos. Se todos toparem, levamos a sugestão para a irmã Rita — considerou Otávio.

— Elisa, sua ideia me fez lembrar de uma notícia que vi outro dia, de que o Papa Francisco havia incentivado a construção de banheiros, chuveiros e barbearias para as pessoas em situação de rua nos arredores do Vaticano — comentou Ana. — Se conseguirmos que a prefeitura ou outros interessados abracem essa ideia, podemos até contar ao pontífice sobre nosso projeto.

Apesar do enorme trabalho que tinha pela frente, o grupo dos seis havia gostado do desafio. Após se despedirem, Elisa, Ana, Júlia, Guilherme, Otávio e Bernardo voltaram para casa com uma sensação especial, de que havia nascido uma luz dentro deles capaz de realizar mudanças incríveis. Depois daquele dia, eles jamais seriam os mesmos... A semente estava lançada.

Os frutos aparecem

Como era de se esperar, os alunos adoraram a ideia do abaixo-assinado. Com o retorno positivo dos colegas, o grupo dos seis levou a proposta à direção, que também a acolheu com alegria.

— O que faremos agora? — perguntou Bernardo.

— Todos devem colher assinaturas para enviar o abaixo-assinado à prefeitura — respondeu irmã Rita.

Para chamar bastante atenção para o projeto que a escola estava desenvolvendo, os professores compartilharam a iniciativa com outros colegas, de outras escolas. Os alunos também fizeram a parte deles e divulgaram em suas redes sociais. Em um curto espaço de tempo, os demais colégios da região já haviam aderido à proposta e estavam colaborando na coleta de assinaturas.

E foi assim que muitos alunos passaram as tardes daquele mês inteiro: após o término das aulas, sempre acompanhados de algum adulto ou responsável, paravam de porta em porta na vizinhança da escola e solicitavam as assinaturas para a criação do Centro de Acolhida Bom Samaritano. Quando finalmente alcançou um número bastante satisfatório de apoiadores, o grupo dos seis, acompanhado de irmã Rita e da professora Isabel, foi até o correio para endereçar o documento à prefeitura.

Promessa é promessa!

Elisa percebia que o momento de enfrentar o desafio de apaziguar os ânimos entre o pai e o tio se aproximava. Mesmo sabendo que contava com o apoio de Ana e dos colegas, às vezes era tomada por dúvidas atrozes que lhe tiravam o sono. Pensava: "Será que eles vão brigar quando se encontrarem?". Mesmo assim, estava disposta a enfrentar o desafio, ou teria de conviver com aquela situação desagradável para sempre.

Um dia, Elisa se trancou no quarto para refletir se aquilo era mesmo o que deveria fazer; ela tinha motivos de sobra para se sentir insegura. Porém, não conseguia esperar mais, porque cada dia que passava era uma tristeza. Quando finalmente achou que estava pronta, deu início a seu plano, com a ajuda dos amigos — após o envio do abaixo-assinado para a prefeitura, estavam todos meio desocupados, só aguardando ansiosamente pela resposta.

Com a proximidade das bodas de ouro dos avós, Elisa pensou que esse seria um bom pretexto para colocar pai e tio frente a frente.

Enquanto elaborava mais uma parte do plano, Elisa recebeu uma mensagem de Ana:

Ana
Já está tudo pronto, amiga? 🤞 19h32

Elisa
Ainda não... 19h38

Sei que a comemoração das bodas dos meus avós é o momento perfeito, mas ainda não sei bem o que fazer quando chegar lá... 😟

19h39

Elisa estava preocupada e sem saber o que fazer porque em sua casa ninguém falava nada sobre o assunto. Certa vez, ouviu a mãe comentar com o pai sobre as bodas, mas a esposa não conseguiu a atenção que queria do marido para o acontecimento, certamente porque Antônio estava chateado demais com o próprio irmão e, consequentemente, com os pais.

Mesmo sem visitar o Recanto Meu havia muito tempo, Elisa guardava na memória a conversa que tivera com a avó sobre a festa de casamento dela e do avô. Ema contava daquele dia com tantos detalhes que chegava a se emocionar. Por fim, havia revelado à neta que sonhava com uma comemoração igualzinha quando completasse cinquenta anos de casada.

Hora de agir

Tomada de coragem, Elisa fez contato com a prima Inês, mas sem sucesso. Com o primo Roberto aconteceu a mesma coisa. Depois de várias tentativas, conseguiu falar por mensagem com eles. Para facilitar, fizeram um grupo em um aplicativo de mensagens. Lá, Elisa explicou o motivo da conversa: comemorar as bodas de ouro dos avós e aproveitar para reunir a família.

Primos Recanto Meu

Roberto
Mas como você pretende conseguir isso, se nem conversando eles estão? 10h02

Elisa
Mas é por isso mesmo. 10h05

A festa será um bom motivo para reunir a família! 10h06

Preciso da ajuda de vocês 🙏 10h06

Inês
Não sei, não! Acho que não vai dar certo... 10h11

Estamos com problemas demais por aqui 😟 10h12

Elisa
O que aconteceu?? 10h14

    Elisa recebeu uma notícia perturbadora. Prometeu aos primos que pensaria em uma solução, mas, antes de tudo, deveriam conseguir reunir os irmãos novamente, para depois se concentrarem nesse novo problema. Roberto e Inês teriam, portanto, de convencer o pai deles a ir à festa que os avós estavam preparando, ainda que tivesse de encontrar o irmão.

> **Roberto**
> Podemos sugerir mesas separadas, uma para a sua família e outra para a nossa.
> 11h23

> **Elisa**
> Acho que, por enquanto, essa é a única maneira de os irmãos estarem no mesmo lugar...
> 11h25

> **Roberto**
> Como o vovô e a vovó precisarão dar atenção aos convidados, eles vão estar bastante ocupados enquanto colocamos em prática nosso plano!
> 11h27

Inês e Roberto concordaram com a ideia de Elisa. Mesmo sabendo da boa intenção da prima, não entendiam por que só agora, tanto tempo depois do desentendimento entre os irmãos, ela havia decidido agir. Elisa explicou aos primos que, na escola onde estudava, todos estavam participando de um projeto da Campanha da Fraternidade cujo tema era "fraternidade e amizade social". Assim, ela havia se dado conta de que poderia aplicar as ideias do projeto também na própria família.

> **Inês**
> Que legal! Boa sorte, prima! ✌️
> 12h07

> **Elisa**
> Para todos nós! ❤️❤️❤️
> 12h09

Vamos festejar

À medida que o dia da festa se aproximava, Elisa ficava ainda mais apreensiva, porém estava confiante. Enquanto isso, ia preparando o pai e mantendo contato com os primos para que fizessem o mesmo por lá.

Por meio de Inês, Elisa soube que tio Anselmo não havia reagido bem à possibilidade de encontrar o irmão na festa. Mas, graças à habilidade dos primos, a situação já tinha sido controlada. Eles estavam fazendo bem a parte deles, e isso era o que importava.

Elisa avisou aos primos que levaria alguns colegas à festa e que eles estavam ajudando no plano. Comentou também que as coisas tinham se tornado um pouco difíceis com o pai, mas que, na data combinada, estariam todos lá com o restante da família.

A festa aconteceria em menos de uma semana. Seria no barracão do sítio.

E foi assim, em um estalar de dedos, que o grande dia chegou.

Como planejado, as pessoas foram chegando e se acomodando em suas respectivas mesas. Entre os irmãos, nada de cumprimentos, nada de nada. Ema e Giuseppe, os últimos a chegar ao barracão, foram recebidos calorosamente com muitas palmas. Seguiram-se os cumprimentos, primeiro da família de Anselmo, depois de Antônio. Em seguida, o planejado era que os noivos fossem conversar com os demais convidados, porém Ema permaneceu em pé, entre as mesas dos filhos, maneando a cabeça e mostrando total indignação com a situação que presenciava.

De repente, Ema pediu a atenção dos convidados para dizer algumas palavras. Começou agradecendo a presença de todos e a homenagem, e continuou:

— Giuseppe e eu queríamos entender apenas uma coisa: se Deus é pai e somos todos filhos dele, por que há duas mesas separadas para a mesma família? Aprendemos que todos somos irmãos e irmãs, não é mesmo? Mas o que vemos aqui não é bem isso...

Antônio, que estava bem desconfortável com a situação, olhou para o irmão sentado à outra mesa. Antes que ele pudesse dizer qualquer coisa, Ema continuou:

— Vocês estão aqui para nos homenagear, certo? Mas se acham que esta é a melhor maneira de fazer isso, Giuseppe e eu agradecemos e desejamos uma boa festa a todos, mas vamos voltar para nossa casa. Venha, Giuseppe, não tenho mais nada a dizer.

A reação de todos foi de espanto. Quando o casal estava prestes a ir embora, Elisa, com cara de choro e voz entrecortada, reagiu:

— Espera, vovó! Espera, vovô! Não vão embora, não, por favor!

E voltando-se para o pai e para o tio:

— E, então, senhores meu tio e meu pai, o que vocês acham disso? Vão continuar com essa muralha entre vocês? Que tal superar esse desentendimento e construir uma linda ponte? Chega de rancor, mostrem que são irmãos de verdade e façam as pazes, por favor! Esse seria o presente mais precioso que a vovó e o vovô poderiam ganhar.

As palavras de Elisa atingiram em cheio o coração dos irmãos. E foi nesse momento que todos puderam presenciar a cena que mais desejavam, a reaproximação seguida de um forte abraço emocionado. Em seguida, Antônio e Anselmo se aproximaram também dos pais para um caloroso abraço coletivo. Ninguém conseguiu conter as lágrimas, e os abraços também! Foi a cena mais incrível que alguém poderia imaginar.

Quando a festa retomou do ponto em que havia parado, as mesas dos irmãos, antes separadas, estavam juntinhas. Dali para a frente foram só alegria, abraços, risos e lágrimas de felicidade.

Desta vez, foi Giuseppe quem disse em voz alta, erguendo sua taça:

— Agora, sim, podemos festejar! Somos uma família!

— Viva! — disseram juntos os avós.

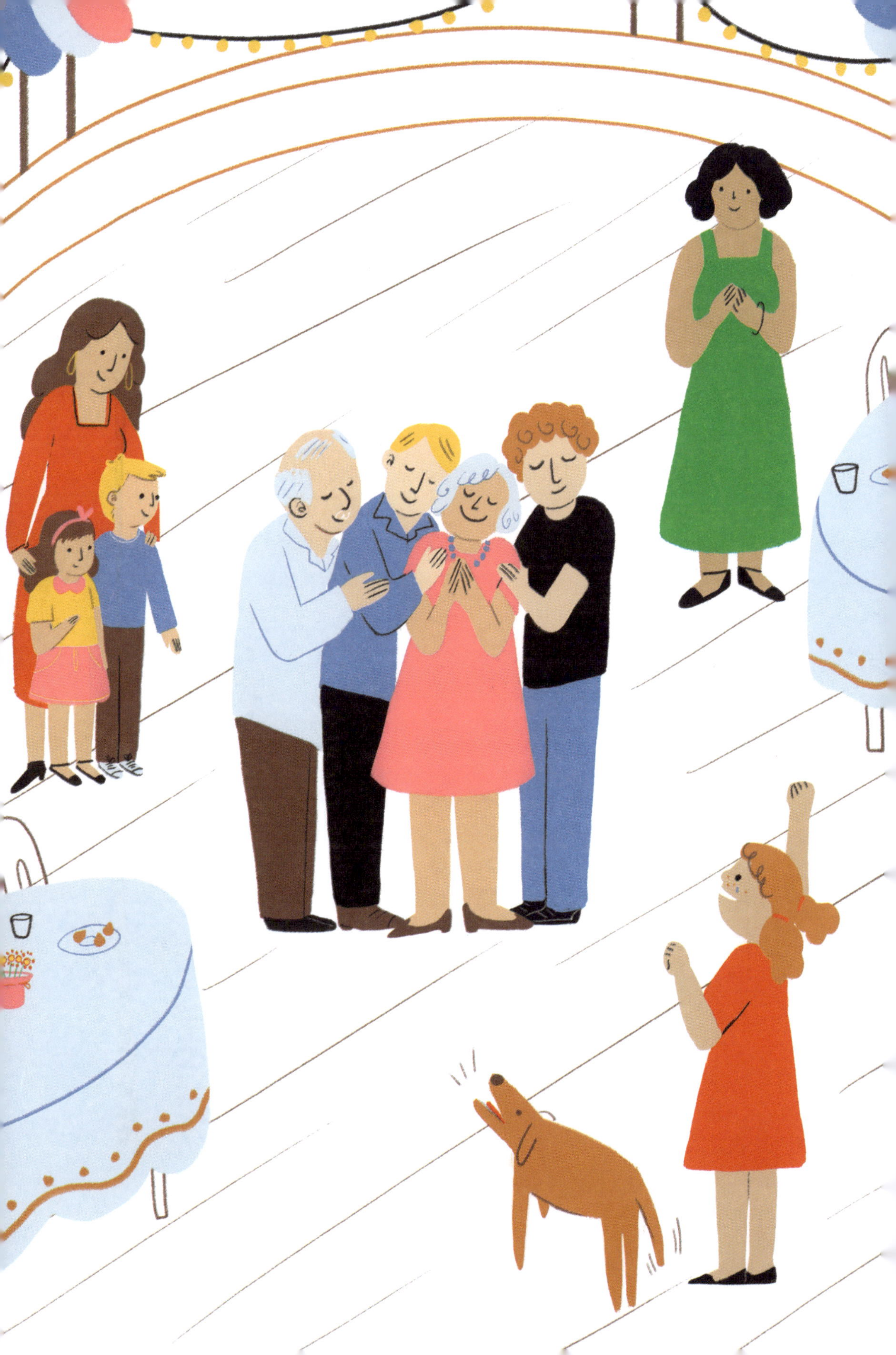

— VIVA! — responderam em uníssono os convidados.

Entretanto, ainda faltava uma coisinha para a festa ficar completa. Foi quando Elisa pediu a atenção de todos:

— Preciso dizer aos meus queridos avós que nós, os primos, ainda temos uma bela surpresa para contar a todos.

E, dirigindo-se ao tio, disse:

— Querido tio Anselmo, Inês e Roberto me contaram que o senhor vem se tratando de um problema renal e está aguardando na fila de espera por um transplante. Mesmo sem comunicar nada a você, fizemos uma força-tarefa para ajudar o hospital a conseguir um doador. Por sorte, achamos uma pessoa compatível.

Elisa voltou-se para o pai e deu uma piscadela. Certamente queria que ele mesmo desse a notícia sobre o doador.

Foi nesse momento que Antônio tomou a palavra:

— Meu querido irmão, isso que Elisa contou é verdade. Também ajudei a procurar esse doador, que felizmente encontramos. Se me permitem dizer, esse doador... serei eu mesmo — revelou, para a surpresa de todos.

Imediatamente, os olhares dos convidados se voltaram para Anselmo, aguardando em silêncio a reação dele.

Anselmo caminhou lentamente até o irmão e deu-lhe um caloroso abraço, dizendo em seguida:

— Essa é a maior prova de amor que se pode dar a alguém. Me faltam palavras para te agradecer, meu irmão.

Com a voz embargada, concluiu:

— Que esta aliança que estamos selando aqui e agora nos acompanhe por toda a vida!

Desta vez, os aplausos e gritos foram tantos, que fizeram o barracão vibrar.

Os amigos de Elisa gritaram em coro:

— Muito bem, Elisaaaaaa!

Em pouco tempo, a notícia da conquista de Elisa se espalhou. Com isso, colegas, professores e familiares que também experimentavam conflitos seguiram os passos da garota, fazendo muita gente feliz outra vez. O protagonismo de Elisa e seus amigos começava a surtir efeito, mostrando a importância do diálogo e do amor para fazer da fraternidade e da amizade social uma bela ponte a ser trilhada pelas pessoas, na esperança de alcançar uma grande família planetária, amorosa, pacífica, solidária e acolhedora.

Segunda-feira

Da festa realizada em comemoração das bodas de ouro dos avós de Elisa, restaram as fortes emoções ali vividas. De volta à escola, o grupo dos seis sempre fazia questão de se encontrar antes das aulas. Era quando aproveitavam para trocar ideias sobre o andamento do projeto.

Foi em um desses dias que um automóvel de placa oficial estacionou em frente à escola. Dele, desceram três senhores que procuravam pela diretora. Tão logo irmã Rita soube, foi receber a comitiva.

— A que devo a honra da visita do nosso prefeito? — disse irmã Rita surpresa e, ao mesmo tempo, orgulhosa.

— Estou aqui para falar do abaixo-assinado que nos foi enviado ainda no começo do ano — explicou o prefeito.

— Algum problema, senhor prefeito? — indagou a diretora.

— Não, pelo contrário! Se possível, gostaríamos de conhecer Elisa e o grupo dela — disse ele.

— Mas é claro! Vai ser a maior surpresa da vida deles — respondeu.

Elisa e os amigos foram logo avisados. Eles nem imaginavam o motivo de a diretora tê-los chamado. Enquanto caminhavam em direção à diretoria, a dúvida de todos era uma só: seria alguma bronca? Mas por qual motivo?

Quando entraram na sala da diretora e deram de cara com o prefeito e os dois assessores, ficaram pálidos. Percebendo o espanto dos alunos, o prefeito puxou uma conversa para descontrair:

— Quem de vocês é a Elisa?

— Eu! — respondeu ela, receosa.

— Pelo tempo que já passou da entrega do abaixo-assinado, talvez vocês tenham pensado que não havíamos dado importância a ele, não é? Acontece que às vezes as coisas demoram um pouco mesmo para serem decididas e realizadas. A minha vinda aqui é para dizer que o Centro de Acolhida Bom Samaritano vai sair do papel e se tornar realidade — revelou o prefeito.

— Que alegria! — disse Elisa quase em prantos, abraçando os colegas.

— Viva! — comemoraram os outros.

O que se viu em seguida foram abraços e mais abraços que não acabavam mais. Nem irmã Rita, nem o prefeito, nem os assessores conseguiram segurar a emoção do momento.

O prefeito explicou que havia um longo caminho pela frente e que todos precisariam colaborar ainda mais. Mas, para o início daquele projeto, a prefeitura havia disponibilizado um local apropriado para a construção dos lares e, no próximo sábado, eles iriam cortar a fita marcando a abertura do cadastramento dos interessados, além de começar a construção do local.

— Então, estamos combinados. Aguardo vocês e todos da escola no sábado. Quero agradecer muito por terem aberto os meus olhos em prol dos cidadãos mais necessitados. Muito obrigado! — finalizou o prefeito.

— Nós é que agradecemos em nome de todos aqueles que vão receber um tratamento digno e justo, a que todo cidadão tem direito, independentemente da condição social em que se encontra — falou Elisa, ainda muito emocionada.

— Com certeza! — concordou o prefeito, despedindo-se.

E, no sábado, com muita festa, banda de música e com a presença de autoridades, Elisa e os amigos celebraram o início de um novo projeto: a realização do Centro de Acolhida Bom Samaritano, que, finalmente, começaria a ser construído. No mesmo local, com o apoio dos voluntários da região, a prefeitura também realizou um almoço beneficente para os futuros moradores.

Epílogo

Elisa e os amigos entenderam que, diante dos problemas, é possível assumir duas posições: a de acomodados, que não fazem nada diante das dificuldades, e a de quem vai à luta! Ela e os amigos voaram muito alto e, com certeza, outros voos ainda esperam por eles.

DOAÇÕES

EM BREVE!
CENTRO DE ACOLHIDA
BOM SAMARITANO

Sobre o autor

Americana é uma bela cidade situada a cerca de cento e trinta quilômetros da capital do estado de São Paulo. Foi lá que nasci, no dia 1º de maio de 1942. Atualmente, vivo na cidade de São Paulo com minha família.

Sou formado em História, Geografia e Pedagogia. Grande parte da minha vida dediquei ao magistério, como professor de Geografia. Hoje, escrevo e visito escolas interagindo com meus leitores. Minha experiência como escritor começou aos catorze anos, quando escrevi meu primeiro livro, mas foi bem mais tarde que comecei a me dedicar inteiramente a essa atividade. Hoje, tenho mais de cinquenta livros publicados, muitos deles pela FTD.

Para saber mais, acesse o *site*: www.fernandocarraro.com.br.

Sobre a ilustradora

Amma nasceu em Eunápolis (BA), mas vive em Belo Horizonte (MG). É graduada em Jornalismo e Artes Visuais e pós-graduada em Livro Ilustrado para a Infância. É ganhadora do prêmio Jabuti na categoria Juvenil com o livro *Amigas que se encontraram na história* (Seguinte, 2022), em parceria com Angélica Kalil, e ilustradora do livro *Será?* (Milcaramiolas, 2021), em parceria com Lulu Lima, que recebeu o selo Altamente Recomendável da FNLIJ. É mãe da Iara e atualmente atua como ilustradora *freelancer*.

Para saber mais, acesse o *site:* http://behance.net/MariammaFonseca.

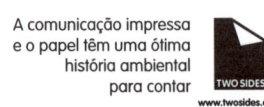